Das Ziegenbuch

Elvig Hansen

Das Ziegenbuch

Kinderbuchverlag Luzern

Titel des dänischen Originalmanuskripts: *Geder og geder-kid*
Deutsch von Skarv Naturforlag

Deutsche Bearbeitung und Lektorat: Heidrun Diltz

Foto Seite 39 unten: Ole Andersen, Biofoto

*Wir danken Herrn Ing. agr. Peter Schnider-Thali,
Präsident des Schweizerischen Ziegenzuchtverbandes,
für die fachliche Beratung.*

CIP-Kurztitelaufnahme der Deutschen Bibliothek:
Hansen, Elvig:
Das Ziegenbuch / Elvig Hansen. [Dt. von Skarv Naturforlag.
Dt. Bearb. u. Lektorat Heidrun Diltz]. – 2. Aufl. –
Luzern: Kinderbuchverlag, 1988.
Aus d. Ms. übers.
ISBN 3-276-00048-2
NE: Diltz, Heidrun [Bearb.]

2. Auflage 1988
© 1987 by Kinderbuchverlag KBV Luzern AG
Das Werk einschließlich aller seiner Teile ist urheberrechtlich geschützt. Jede Verwertung außerhalb der engen Grenzen des Urheberrechtsgesetzes ist ohne Zustimmung des Verlags unzulässig und strafbar. Das gilt insbesondere für Vervielfältigungen, Übersetzungen, Mikroverfilmungen und die Einspeicherung und Verarbeitung in elektronischen Programmen und Systemen.

Filmherstellung durch Trilogy, Mailand
Satz: F. X. Stückle, Ettenheim
Druck: K. Stiller, Remseck
Bindung: W. Röck, Weinsberg
Printed in Germany

Bestellnummer: 1900048

*Bücher für Kinder, die mehr wissen wollen
Eine Auswahl:*

Theres Buholzer
Schneckenleben

Denise Burt und Neil McLeod
So lebt der Koala

Heiderose und Andreas Fischer-Nagel
Der Ameisenstaat
Im Bienenstock — Wunderwelt der Honigbienen
Im Hamsterbau
Ein Kätzchen kommt zur Welt
Ein Leben auf kurzen Beinen — Ein Dackel kommt zur Welt
Marienkäfer — Die wunderbare Verwandlung aus dem Ei
Blick durch's Mauseloch
Bunte Welt der Schmetterlinge — Das Tagpfauenauge
Das Storchenjahr
Der Tannenbaum

Elvig Hansen
Aus dem Leben der Erdkröte
Familie Wellensittich
Unsere Hausgans
Das Ziegenbuch

Hans-Heinrich Isenbart und Othmar Baumli
Ein Entchen kommt zur Welt

Hans-Heinrich Isenbart und Thomas David
Ein Fohlen kommt zur Welt

Hans-Heinrich Isenbart und Ruth Rau
Ferkel, Fohlen, Kitz und Co.

Jane Miller
Das Buch vom Schwein

Wolfgang Sauer
Hirsche — Die Könige der Wälder

Claudia Schnieper und Othmar Baumli
Der Apfelbaum im Jahreslauf

Claudia Schnieper und Felix Labhardt
Dem Fuchs auf der Spur

Claudia Schnieper und Max Meier
Spinnen — Fallensteller im seidenen Netz
Das Chamäleon — Meisterschütze und Verwandlungskünstler

Jin Xuqi und Markus Kappeler
Der Große Panda — Bedrohtes Leben im Bambuswald

Die Urahnen unserer Hausziegen sind Wildziegen – vermutlich die Bezoarziegen, die früher in den Gebirgen Vorderasiens und auf den Griechischen Inseln weit verbreitet waren. Heute sind sie sehr selten geworden, in manchen Gegenden sogar ganz ausgerottet. Vor ungefähr neuntausend Jahren wurden erstmals Wildziegen eingefangen. Wahrscheinlich fing man Ziegenkinder ein: «Kitze», «Zicklein» oder «Ziegenlämmer», wie man sie nennt. Sie konnten leichter gezähmt werden als erwachsene Tiere.

Ziegen sind zwar nicht die ältesten Haustiere – dieser Rang gehört dem Hund, der die Menschen schon begleitete, als sie noch als Jäger und Nomaden lebten. Erst als die Menschen seßhaft wurden, begannen sie, Tiere als jederzeit verfügbare Nahrungsquelle zu halten. Die Ziege wurde zum ersten «Nutztier».
Heute gibt es die Hausziege in vielen verschiedenen hornlosen und horntragenden Rassen, die nach und nach gezüchtet wurden. Mit ihrer Milch, ihrem Fleisch, dem Fell und dem feinen Leder, das aus ihrer Haut hergestellt wird, nützen sie den Menschen. Bei uns hat die Ziegenhaltung nie eine so große Rolle gespielt wie etwa in Südeuropa, Asien und Afrika. Die Ziegenherden waren und sind bei uns auch selten so groß wie dort, wo oft 200 bis 300 Ziegen in einer Herde zusammenleben – bewacht vom Ziegenhirten mit seinen Hunden. Die Ziege ist ein intelligentes, gelehriges Tier – vom Schimpfwort «dumme Ziege» weit entfernt. Sie ist einerseits sehr genügsam, andererseits auch sehr wählerisch. Nur sauberes Futter ist ihr gut genug: ein paar Grashalme, Kräuter, Gemüse, Pflanzentriebe, Blätter und Rinde. Wenn man nicht aufpaßt und ihre Weiden nicht hoch genug einzäunt oder sie nicht anbindet, sind Ziegen aber auch ernstliche Schädlinge. Sie fressen nämlich alles, was ihnen vor ihr gefräßiges Maul kommt. Als geschickte Kletterer überwinden sie normal hohe Zäune in Windeseile. Da kann es leicht Ärger geben, wenn die Ziegen den Lieblingsbaum des Nachbarn beschädigen, indem sie flink die Rinde abschälen und das Holz benagen. Ganze Wälder haben die Ziegen vor Urzeiten mit ihrem Heißhunger vernichtet. Andererseits schufen sie so auch Platz für Kühe und Schafe und für den Ackerbau.

Früher gab eine Ziege 300 bis 400 Liter Milch im Jahr. Einige Ziegenrassen, die speziell für hohe Milchleistungen gezüchtet wurden, bringen es heute auf ungefähr die doppelte Menge, manche sogar auf tausend Liter und mehr. Ziegenmilch ist sehr gesund, nahrhaft und leichter verdaulich als Kuhmilch. Sie wird oft auch als Heilmittel verwendet.

Auch wir mögen Ziegenmilch und würzigen Ziegenkäse. Deshalb halten wir zwei Ziegenweibchen, auch Geißen genannt. Sie heißen Mecki und Mucki. Mecki konnten wir einmal sogar bei der Geburt beobachten. Komm mit, gleich ist es soweit!

Wir sind im Stall, um nach Mecki zu sehen. Sie ist sehr unruhig. Bald wird sie «lammen» oder «werfen». Vor fünf Monaten hatten wir Mecki zu einem großen scheckigen Ziegenbock (Bild oben) gebracht. Böcke erkennt man übrigens schon von weitem am scharfen Bocksgeruch.
Die beiden paarten sich, und danach war Mecki schwanger — «trächtig», wie es bei Tieren heißt. Fünf Monate dauert es bis zur Geburt der Zicklein. Meistens sind es eins oder zwei, selten einmal auch Drillinge.

Mecki ist an einem Strick festgebunden. Keine Angst, er stört sie nicht. Er verhindert, daß die futterneidischen Ziegen sich dauernd streiten.

Meckis Euter ist prall von Milch, die Zitzen sind ganz steif. Das ist ein sicheres Zeichen, daß die Geburt innerhalb der nächsten 24 Stunden stattfinden wird. Mecki, gerade drei Jahre alt, wirft zum ersten Mal. Normalerweise bringen Ziegen schon mit einem Jahr Kitze zur Welt.

Gegen Abend gehen wir nochmals in den Stall. Wir spüren sofort, daß es jetzt soweit ist. Mecki hat sich hingelegt und atmet schwer. Nach einer halben Stunde erscheint hinten eine Wasserblase. Sie macht die schmale Öffnung für die Geburt größer. Dann erscheint eine zweite Blase, die sogenannte Eihaut oder Fruchtblase, in der das Kitz liegt. Mecki dreht ihren Kopf zum Bauch hin und meckert dünn: Sie ruft ihre Jungen. Dann preßt sie kräftig und schreit dabei mehrmals dumpf und laut. Sie hat Schmerzen.

Dann ist es geschafft: Das erste Kitz rutscht, das Köpfchen auf den Vorderbeinen, in seiner Eihaut aus ihrem Bauch heraus: Es ist ein «Mädchen»!

Kaum liegt das Zicklein im Heu, beginnt die Mutter, es zu lecken. Schnell zieht sie die Eihaut ab und frißt sie auf. Sie beißt die Nabelschnur durch, über die das Kleine bisher mit ihr verbunden war und versorgt wurde. Es braucht sie nun nicht mehr. Nach fünf Minuten liegt das Kitz sauber da.

Jetzt kommt auch schon das nächste! Diesmal geht die Geburt schneller und leichter. Mecki muß nur wenige Male pressen, und schon ist das zweite Kitz auf der Welt, ein kleiner, schwarzer Kerl mit weißen Flecken. Auch er wird von der Mutter sofort geleckt. Beide Kitze sind jetzt ganz sauber. Sie heben die Köpfchen und blicken in die Runde. Zicklein können sehen, sobald sie geboren sind.

Ziegenkinder sind sogenannte «Nestflüchter». Sie sind bei der Geburt so weit entwickelt, daß sie schon kurz darauf aufstehen und ihr «Nest» verlassen können. Hier ist es ja nur ein einfacher Liegeplatz aus Heu und Stroh. Draußen in der Natur ist diese Fähigkeit lebenswichtig: Die Kleinen müssen ja gleich der Mutter und der Herde folgen können!

Das schwarze Kerlchen versucht schon, auf die Beine zu kommen, obwohl es nur gerade fünf Minuten alt ist. Der erste Versuch gelingt aber nicht gleich: Es fällt direkt auf die Nase! Da muß es erst etwas ausruhen. Einige Minuten später wagt es einen zweiten Versuch. Und siehe da, es hat geklappt: Es steht zum ersten Mal!

Die kleine Geiß ist nun fünfzehn Minuten alt, das Böckchen zehn. Ihr Fell ist trocken, und sie sind jetzt beide schon so tüchtig, daß sie beim Aufstehen nicht gleich wieder hinfallen.

Die Kleinen rufen mit zarten Stimmchen nach der Mutter. Mecki antwortet liebevoll und «spricht» beruhigend mit ihnen. Sie leckt ihre Jungen und beschnuppert sie ausführlich am Hinterteil. Auch die Kitze schnuppern an der Mutter. So lernen Mutter und Kinder gegenseitig, wie sie riechen. Diese Witterung, diesen Geruch, werden sie nie vergessen. Sie werden sich daran immer wiedererkennen können. Jetzt haben die Zicklein Hunger und suchen nach den Zitzen. Schnell hat ihr Schnuppernäschen sie an die richtige Stelle zwischen Mutters Beinen geführt.

Die erste Milch, die die Ziege für ihre Kitze hat, ist besonders reichhaltig. Gierig saugen die Zwillinge diese gute «Kolostralmilch».

Zwölf Stunden sind seit der Geburt der Ziegenkinder vergangen. Meckis Kitz guckt schon neugierig um die Ecke. Da steht unsere zweite Geiß Mucki. Sie hat auch gelammt. Als wir am Morgen zu Mucki in den Stall kamen, hopsten zwei quicklebendige Kitze herum. Diese beiden Geißlein sind also etwa einen halben Tag älter als Meckis Junge. Mecki und Mucki leben seit gut drei Jahren bei uns. Sie vertragen sich meistens auch. Aber nun, da sie beide Junge haben, stoßen sie einander mit den Hörnern. Das bedeutet in der Ziegensprache: «Hier wohne ich mit meinen Jungen. Laß uns bloß in Ruhe.»

Oft liegen die Ziegenmütter stundenlang in ihrer Ecke und verdauen. Hier ist Mecki plötzlich aufgestanden, weil der Rücken arg juckte. Genüßlich kratzt sie sich mit den spitzen Hörnern, die dafür gerade lang genug sind. Kaum ist Mecki aufgestanden, hopsen auch ihre Zicklein hoch. Nun stehen sie da und schauen sehnsüchtig zu Muckis Jungen hinüber. So gern würden sie mit ihnen spielen! Noch achten sie aber die Holzwand als «Grenze».

Zum Trost nuckeln sie an ein paar Heu- und Strohhalmen. Das tun sie, wenn sie fünf bis sechs Tage alt sind.

Immer wieder werfen Meckis Junge einen Blick ins «verbotene Gebiet» nebenan. Brav kommen sie dann aber zur Mutter zurück. Ziegenmütter mögen es nämlich gar nicht, fremde Zicklein um sich zu haben. Sie wissen ja am Geruch, wenn es nicht ihre eigenen sind. Sie stößt sie dann dahin zurück, wo sie hergekommen sind.

Mecki ist da besonders streng. Sie stößt Muckis Kitz, das sich frech ins «Ausland» vorgewagt hat, so heftig, daß es im Heu landet. Ziegenkinder wissen sehr wohl, wie ernst das gemeint ist – und verschwinden schleunigst.

Vielleicht ist dir schon Meckis prächtiger Ziegenbart aufgefallen? Männchen und Weibchen der meisten Ziegenrassen tragen diesen Schmuck. Bei den Böcken ist er aber größer.

Es ist Mitte Mai. Die Zicklein sind zwei Wochen alt. Draußen ist es so warm, daß wir die Ziegen in den Garten hinauslassen können. Ein Kitz steht schon an der offenen Stalltür und blickt mit großen Augen in die fremde, neue Welt. Bei ihm siehst du übrigens gut die Halszöttelchen oder Glöckchen, die die meisten Ziegen haben.
Auch die anderen drei kommen zur Tür gehopst. Doch keines traut sich weiterzugehen. Worauf warten sie bloß? Erst nachdem die Ziegenmütter draußen sind, folgen die Zicklein neugierig. Auf einmal haben sie keine Angst mehr.

Die Kleinen hüpfen und springen auf ihren ungelenken Beinen und sind ganz wild vor Freude. Die kurzen Schwänzchen wedeln begeistert. Plötzlich haben sie ja so viel Platz!

Sie jagen über die Wiese, hin und her, her und hin. Sie springen hoch in die Luft und zappeln mit den Beinen. Oft sieht es gefährlich danach aus, daß sie auf dem Rücken landen. Aber jedes Mal stehen sie wieder fest auf allen Vieren.

Nach ein paar Minuten haben sich die Zicklein müde gerannt. Mit offenen Mäulchen stehen sie da und ringen nach Atem, die Beinchen wackeln. Fürs erste ist genug getobt!

Ziegen gehören übrigens zu den Huftieren. Ihre Zehen, die Klauen, sind von einer schützenden Hornschicht umgeben. Sie wird beim Klettern zwar abgenützt, wächst aber immer wieder nach.

Hungrig stopft Mecki Gras und Löwenzahn in sich hinein. Ziegen mögen auch Blätter und Zweige sehr gern. Sogar junge Brennesseln und Disteln samt Dornen verschmähen sie nicht. Hier hat sich Mecki auf die Hinterbeine gestellt, um einen Leckerbissen zu ergattern. Nicht einmal ihr Laufseil hindert sie daran. Es sollte eigentlich verhindern, daß sie uns den Garten ganz kahl frißt! Die Zicklein interessieren sich noch nicht besonders für Mutters Futter. Noch trinken sie ja hauptsächlich Muttermilch. Wenn «Essenszeit» ist, ruft Mecki ihre Kinder. Sie weiß, wann die Kleinen ihre Milch brauchen.

Die lassen sich nicht zweimal bitten, wenn die Mutter sie meckernd herbeiruft. Während sie saugen, stoßen sie mit den Köpfen eifrig in Mutters Euter – manchmal sogar mit einem Vorderfüßchen. Das tun sie, damit die Milch schneller kommt. Mehrmals am Tag trinken die Zicklein – jedesmal ungefähr so viel, wie in eine große Tasse hineingeht. Das Ganze dauert nur etwa 15 Sekunden, dann setzt die Mutter sie ab. Sie steigt einfach über die Kitze hinweg und wirft sie dabei sogar auch oft um!

Zwei bis drei Monate lang bekommen die Zicklein die gute Muttermilch.

Satt und zufrieden liegen die Zicklein bei der Mutter. Die hat sich den Bauch mit Grünzeug vollgeschlagen, kaut und rülpst dauernd. Ob sie Bauchweh hat? Nein, alle erwachsenen Ziegen tun das. Sie gehören nämlich zu den Wiederkäuern. Diese Tiere müssen ihre schwer verdauliche Pflanzenkost zweimal

kauen. Die Ziege kaut das Futter nur kurz und schluckt es in den Sammelmagen, den Pansen. Dort wird es aufgeweicht und wandert in den Netzmagen weiter, wo es sich zu Klößen zusammenballt. Diese «Bälle» rülpst sie hoch und zerkaut sie gründlich zu einem Brei. Den schluckt sie in den Blättermagen. Von dort gelangt er in den Hauptmagen, den Labmagen. Vier «Mägen» passiert das Futter also. Ziegenkinder müssen nicht wiederkäuen, solange sie nur Milch trinken.

Unsere Ziegenkinder haben nicht nur einander als Spielgefährten, sondern auch unsere Katzen. Sie kennen die Zicklein von Geburt auf. Es vergeht kein Tag, an dem sie die Kitze nicht besuchen und mit ihnen spielen. Sobald sie die Katzen kommen sehen, hüpfen die Zicklein ihren Freunden entgegen. Auch uns begrüßen sie zutraulich, wenn wir sie im Garten besuchen. Sie hören unsere Stimmen schon von weitem und recken aufmerksam die Hälse. Manchmal reiben sie zärtlich ihr Köpfchen an unseren Beinen und steigen an uns hoch. Sie mögen es auch gern, wenn wir sie streicheln.

Der beste Spielplatz der vier Ziegenkinder ist unsere Küchentreppe. Sie hat sechs Stufen und eine schöne Zementkante. Die Kleinen turnen jeden Tag auf der Treppe herum. Sie lieben es, die Stufen rauf- und runterzuhüpfen oder von der Kante abzuhopsen und einen großen Sprung zu machen. Dieses Verhalten haben sie von ihren Urahnen geerbt, den Wildziegen, die hoch oben in den Bergen herumklettern.

Jedes Kitz will den obersten Platz ergattern und das Größte sein. Das ist auch bei erwachsenen Ziegen so.

Unsere vier Kitze sind inzwischen richtig wilde kleine «Biester» geworden. Jetzt sind sie 16 Tage alt und haben auch schon angefangen, ein wenig Pflanzenkost zu knabbern. Die Blätter und Knospen von Löwenzahn zum Beispiel, aber auch unsere schönen Tulpen. Die mögen sie besonders gern! Aber das ist ganz normal. Zicklein beginnen allmählich Pflanzen zu fressen, wenn sie ungefähr zwei Wochen alt sind. Daneben gibt es aber immer noch die gute Muttermilch. Ab dem zweiten oder dritten Monat fressen die Jungen dann ausschließlich Pflanzenkost. Ihr vierteiliger Wiederkäuermagen hat sich in dieser Zeit entwickelt.

Nicht nur im Bauch hat sich das Zicklein verändert. Auch am Kopf ist etwas passiert – die Hörner wachsen! Das ist natürlich nur so bei Ziegenrassen, die Hörner tragen. An der Stirn werden zuerst zwei kleine Beulen unter der Haut sichtbar, die Knochenzapfen. Um die Beulen herum wird die stark durchblutete Haut dick und hart: Sie bildet die Hornspitze. Die Hornschicht wächst rasch, die Hörner werden länger. Wenn das Zicklein zwei Wochen alt ist, sind die Hörnchen einen Zentimeter lang, einen Monat später zwei Zentimeter. Nach drei Monaten haben die Hörner eine Länge von sechs bis sieben Zentimetern erreicht. Ziegen werfen ihr «Gehörn» übrigens nicht ab wie der Hirsch sein Geweih. Das ist, fertig ausgebildet, im Gegensatz zum Gehörn nichts «Lebendiges», sondern ein toter Knochen.

Alle unsere vier Zicklein bekommen Hörner, die «Mädchen» wie die «Buben». Beim Ziegenbock wachsen sie aber schneller und sind viel stärker.

Überall in der Welt gibt es viele verschiedene Ziegenrassen: Große und kleine Ziegen, schwarze, weiße, rote, graue und scheckige. Gemeinsam für sie alle ist, daß sie sehr genügsam sind. Nahrung finden sie überall, selbst an steilen, steinigen Berghängen. Ziegen sind deshalb die einzigen Haustiere, die dort leben können.

Auf dem Bild links siehst du in der Mitte einen großen Ziegenbock mit einer Glocke um den Hals. Das ist ein «Leitbock». Wenn er umherspringt, klingelt die Glocke, und alle anderen Ziegen folgen ihm. Gleichzeitig weiß der Hirte, in welche Richtung seine Tiere gegangen sind. Der Hirte läßt seine Ziegen morgens hinaus und ist den ganzen Tag mit ihnen zusammen. Gegen Abend geht er – wie der Geißenpeter aus der Heidi-Geschichte – mit der Herde wieder nach Hause. Dann wird gemolken und Käse gemacht. Diese dunkelfarbigen Ziegen leben in Griechenland.

Die Afrikanische Zwergziege (ganz oben) ist eine kleine, lustige Ziege. In Afrika benutzt man sie als Fleischlieferant – als Milchziege eignet sie sich nicht. Bei uns ist sie in Zoos und Gehegen sehr beliebt.

Die weiße Saanenziege (Mitte) stammt aus der Schweiz. Sie gibt sehr viel Milch. Meistens wird sie hornlos gezüchtet.

Die seltene Bezoarziege (unten) gilt als «Mutter» aller unserer Hausziegen. Die Hörner des Ziegenbocks können bis zu eineinhalb Meter lang werden. Diese Aufnahme entstand in einem Gehege.

Das Böckchen ist nun zwei Monate alt und sieht schon sehr erwachsen aus. Ganz ausgewachsen ist er mit zweieinhalb Jahren. Wenn er nicht vorher beim Metzger landet, kann er bis 15 Jahre alt werden. Noch rund vier Monate dürfen wir uns an den munteren Ziegenkindern erfreuen. Dann kommt die Zeit zur Trennung: Wir können nicht jedesmal alle behalten. Wir verkaufen sie an einen Bauern, der eine Herde hat. Der Abschied fällt uns schon ein bißchen schwer. Aber nächstes Jahr gibt es ja wieder Junge . . .

Bücher für Kinder, die mehr wissen wollen – eine Auswahl

H. und A. Fischer-Nagel
Ein Kätzchen kommt zur Welt
40 Seiten mit 45 Farbfotos

Claudia Schnieper/Felix Labhardt
Dem Fuchs auf der Spur
40 Seiten mit 50 Farbfotos

«Wir kennen seit langem Veröffentlichungen aus dieser Sachbuch-Reihe des Verlages und wissen, was wir von ihrem Inhalt und von der Aufmachung erwarten können, nämlich ausgezeichnete Farbfotos und einen sachlich korrekten Text, der alles bringt, was beobachtbar und für Kinder verständlich ist. Ich könnte keine bessere Sachbuchreihe für 5–8jährige benennen.»
DEUTSCHES JUGENDSCHRIFTENWERK

H. und A. Fischer-Nagel
**Ein Leben auf kurzen Beinen –
Ein Dackel kommt zur Welt**
40 Seiten mit 42 Farbfotos

Hans-Heinrich Isenbart/
Thomas David
Ein Fohlen kommt zur Welt
40 Seiten mit 35 Farbfotos

Markus Kappeler/Jin Xuqi
**Der große Panda –
Bedrohtes Leben im Bambuswald**
48 Seiten mit 56 Farbfotos

Denise Burt/Neil McLeod
So lebt der Koala
40 Seiten mit 37 Farbfotos

Hans-Heinrich Isenbart/
Jay Featherley
**Mustangs –
Wildpferde in Amerika**
40 Seiten mit 35 Farbfotos

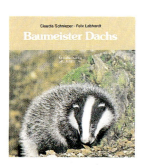

Claudia Schnieper/Felix Labhardt
Baumeister Dachs
40 Seiten mit 50 Farbfotos

Kinderbuchverlag Luzern